10,140

DIVERSES LETTRES ET PIÈCES

PRODUITES

PAR M. ALFRED DORNIER, Mme VEUVE MOINE

ET M. GUILLAUME.

LETTRE DE Mme DE LÉGÉAS.

Vous avez su, Monsieur, le malheureux accident arrivé à ma mère *il y a un an ;* les douleurs qu'elle a éprouvées ont été SI VIOLENTES que SES ORGANES S'EN ÉTAIENT BEAUCOUP AFFAIBLIS. — J'ai toujours espéré que SES FORCES MORALES REVIENDRAIENT. — Malheureusement on en profite à notre détriment, et au vôtre par conséquent, puisque les intérêts d'Emile sont les mêmes.

M. Girardot, qui était son premier commis, avait, je ne sais pourquoi et comment, pris les intérêts d'Auguste, mon frère, tellement à cœur, que même PENDANT QU'ELLE ÉTAIT FORT MALADE, on la tourmenta pour une somme de soixante mille francs qu'Auguste voulait avoir, plus une pension de cinq ou six mille francs, et tout cela par acte notarié et bien en ordre. — J'étais là, mais je n'en sus rien. — Quand je l'appris, je fis des observations à maman sur la facilité avec laquelle elle signait tout ce qu'on lui demandait ; elle n'en fut pas mécontente, et même *prétendait qu'elle croyait n'avoir donné que la jouissance de la maison* et domaine de 60,000 fr. — Nous lui prouvâmes bien qu'elle se trompait ; alors elle se rejeta sur M. Girardot, disant qu'il l'avait trompée.

Enfin, *elle ne savait pas trop ce que c'était que tout cela,* parce que SA MÉMOIRE A TELLEMENT FAIBLI QUE C'EST PRESQUE INCROYABLE ; car malgré le mécontentement où elle paraissait être, elle a depuis encore ajouté au nôtre par différentes sommes *qu'on lui arrache.*

Elle se fait une grande peine de refuser constamment ce qu'on lui demande, *au point d'en pleurer ; et, pour sortir de peine,* ELLE SIGNE. *C'est le moyen qu'emploie Auguste.*

Hier, il est passé ici et m'a appris une nouvelle bien alarmante, c'est qu'elle vient de signer une donation du bois de Dampierre à Fanfinet. — C'est un objet de 400,000 fr.; et Auguste a ajouté : « *On peut lui faire* » *signer maintenant tout ce qu'on veut ;* elle consent à tout. »

En effet, il en sait quelque chose. Pour moi, *j'ai été stupéfaite d'un pillage semblable.* Ma première idée a été d'en écrire de suite à ma mère,

1

qui est aux eaux de Luxeuil avec Philippe Rochet ; puis j'ai hésité. — Les gens qui l'entourent *voudraient bien m'éloigner d'elle,* et peut-être parviendrait-on, en dénaturant mes sentiments, à la mécontenter, de sorte que je viens vous consulter. — Vous vous entendez mieux que personne aux affaires, et me dirigerez ; car je n'ai autour de moi personne qui puisse me conseiller sûrement, et que la discrétion est un point essentiel.

Je crois donc que je dois dire à ma mère qu'on lui a fait commettre une injustice, que cela produit la désunion dans la famille, ce qu'elle semble craindre maintenant.

S'il y a un moyen de réparer, — sauf votre avis, — serait de la prier de signer un acte portant tous nos noms et celui d'Emile, — excepté Fanfinet, — que nous avons chacun droit à 400,000 fr. pour équivaloir à la propriété du bois qu'elle vient de lui donner, sauf à partager ensuite tous ensemble.

Je suis sûre que ma mère ne me refusera pas, si mes frères, c'est-à-dire un ou deux, me soutiennent. — Mais je ne leur en parlerais que peu de jours avant, crainte que Fanfinet ne vienne à la traverse, et il faudrait que, lorsque je parlerai, *j'aie la pièce nécessaire et bien conditionnée pour la faire signer.*

Arrangez comme vous voudrez ; je vous donne une idée de femme qui n'a jamais compris les affaires ; mais seulement pour vous donner la mesure de ce que je comprends et puis faire.

. . . .

C'est une chose bien triste que la position de ma mère : ses forces sont si longues à revenir que je ne conserve d'espoir que dans l'effet des eaux.

A part sa faiblesse, elle n'est pas maigre, parce qu'elle a toujours de l'appétit.

Adieu, Monsieur ; embrassez Emile bien tendrement pour moi, et recevez l'assurance de ma considération.

Signé : C. LÉGÉAS.

Dijon, 25 juin 1828.

Adresse : « M. Achille *Guillaume,* à Bellevue, par Sèvres, près Paris.

Enregistré, etc.

COPIE DE LA RÉPONSE FAITE PAR

M. GUILLAUME Père

A la lettre de Mme DE LÉGÉAS, du 25 juin 1828.

Cette copie est écrite de la main de M. Guillaume père (décédé).

Madame,

Quelque fàcheux que soit, pour vos intérêts et ceux d'Emile, le motif auquel je dois la lettre que vous m'avez fait l'honneur de m'écrire, je m'estime heureux de voir se renouer entre nous une correspondance qu'un événement déjà si déplorable pour nous n'aurait pas dû interrompre. *Il est extrêmement difficile de remédier au mal que vous me faites connaître,* SURTOUT SI DES FACULTÉS TRÈS-AFFAIBLIES LAISSENT PRISE A TOUTES LES IMPRESSIONS QUI PEUVENT SE SUCCÉDER. En supposant même que vous pussiez obtenir la signature d'un acte qui remît les choses dans un état de parfaite égalité, n'y aurait-il pas à craindre que d'autres influences ne vinssent encore agir après vous ?

Cet acte lui-même est une chose fort délicate ; *s'il devait contenir une donation à chacun des autres enfants de 400,000 fr.,* dont l'un d'eux vient d'être favorisé, cela entraînerait à d'énormes frais d'enregistrement ; si c'est *une simple déclaration testamentaire,* elle est révocable par une déclaration postérieure.

Je ne puis fixer mes propres idées, ni celles de mes conseils, sans avoir connaissance des actes faits soit pour le bois de 400,000 fr., soit pour les 60,000 fr. et le domaine. C'est à vous procurer des copies de ces actes qu'il faut mettre tous vos soins et tout votre empressement. Aussitôt que vous aurez pu me transmettre ces documents, *je les soumettrai* moi-même à l'examen d'amis aussi *discrets qu'instruits,* avec lesquels j'examinerai *la meilleure marche à suivre.* En attendant, il serait prudent d'obtenir et de *faire signer une déclaration,* portant, s'il y a eu acte de ventes, « que les ventes de tels et tels jours faites au profit de tels » et tels sont des donations déguisées; que le prix n'en a pas été réelle-» ment compté, et que, comme l'intention *n'est pas de favoriser* tels et tels » aux dépens des autres enfants, il y aura lieu par les prétendus acquéreurs » au rapport des objets à eux supposés vendus, ou de leur valeur. »

Si, au contraire, il y a eu donation, *il faudrait un testament portant donation à tous les autres enfants d'une somme égale* à celle qui est nécessaire pour égaliser les parts.

LETTRE

De M. le Baron GRAVIER,

OFFICIER DE LA LÉGION D'HONNEUR, CAISSIER GÉNÉRAL DE LA CAISSE DES DÉPOTS ET CONSIGNATIONS,
MEMBRE DE LA CHAMBRE DES DÉPUTÉS PENDANT VINGT ANS, PAIR DE FRANCE EN 1847,

Gendre de Madame veuve DORNIER,

A M. GUILLAUME, son Beau-Frère.

Paris, 3 juin 1833.

J'ai reçu, mon cher Achille, une lettre *de Fanfinet,* qui assure que Mme Dornier propose de faire immédiatement le partage de sa succession, sous la réserve de cinquante à soixante mille francs de rente viagère, dont chacun de nous paierait sa quote-part.

2° *Il consentirait à rapporter à la masse* 150,000 fr. SUR LA DONATION QU'IL A REÇUE. AUGUSTE EN RAPPORTERAIT AUTANT; et il ajoute que d'autres ont reçu plus que lui, mais ne rendent rien, *parce que les dons ont été plus cachés;* enfin il se plaint de ce que vous et moi refusons une transaction, qui, outre l'avantage de nous procurer une jouissance immédiate, aurait celui d'é-viter des procès et la mesure de l'interdiction; il me presse pour que je lève, pour ma part, mon opposition, et que je vous engage à en faire autant. Il fait valoir beaucoup le sacrifice qu'il fait à la paix de famille, en soutenant que, de l'avis des avocats les plus célèbres, son acte est à l'abri de toute re-cherche.

Il n'est pas difficile de juger qu'il a au contraire des inquiétudes sérieuses sur la validité de cette donation, qui recevra une grave atteinte si l'interdic-tion est obtenue : on voit qu'il a un intérêt majeur à ce que cette mesure n'ait pas lieu, puisqu'*elle jetterait une défaveur très-grande* SUR LES ACTES QUE

Mme DORNIER A CONSENTIS DEPUIS QUELQUES ANNÉES; il me semble que dans cette position, il devrait se montrer plus facile, ou plutôt *plus juste* dans ses renonciations, et ceci s'applique *à ceux qui ont abusivement reçu*, CAR CHACUN SAVAIT A QUOI S'EN TENIR SUR LES FACULTÉS INTELLECTUELLES DE Mme DORNIER, et personne ne pourrait appuyer ces faveurs sur des droits particuliers à la tendresse, ou à la reconnaissance de celle qui donnait. *Si j'avais voulu abuser* DE LA FAIBLESSE D'ESPRIT DE Mme DORNIER, et de l'influence qu'il dépendait de moi de prendre sur elle, *j'en aurais obtenu tout ce que j'aurais voulu* : c'eût été envers les autres membres de la famille une action *peu délicate* que je serais bien fâché d'avoir à me reprocher.

En l'état, nous avons à craindre deux choses en acceptant la proposition, si elle est sérieusement faite :

1° Nous validons les détournements qui ont eu lieu; 2° et c'est ici l'objection la plus grave, on peut nous tendre un piége et nous opposer une tentative de transaction avec Mme Dornier, *que nous reconnaissons par là capable*, comme une fin de non-recevoir contre la demande d'interdiction. Je pense bien que c'est ce dernier motif qui vous a empêché d'acquiescer à la proposition, qui nous serait d'ailleurs très-avantageuse.

Quant à l'abandon plus ou moins grand de ce qui a été donné abusivement, je serais d'avis de n'être pas trop exigeant; car on dépenserait en procès autant qu'on gagnerait par l'annulation des actes; il faut seulement en tirer le meilleur parti possible, en faisant sentir que la nomination seule d'un conseil judiciaire et les faits établis par l'enquête suffiront pour ATTAQUER AVEC CERTITUDE DE SUCCÈS DES ACTES DONT LE PUBLIC A FAIT JUSTICE, ET DONT PERSONNE NE CONNAIT MIEUX LA NULLITÉ QUE CEUX QUI EN ONT PROFITÉ.

Je vais répondre à Fanfinet pour lui faire sentir que sa position n'est pas aussi bonne qu'il le croit; je vous envoie une lettre pour lui, ouverte; vous la lui ferez parvenir après l'avoir cachetée.

J'approuve d'ailleurs tout ce que vous ferez, parce que vous êtes mieux en position de juger les difficultés et surtout les intentions; la procédure de l'interdiction nous prémunit contre des dangers présents; peut-être aurions-nous intérêt à la prolonger indéfiniment, puisque aucun acte fait pendant l'instance n'est valable; il serait seulement important de mettre à l'abri des spoliations l'argent entassé; il me semble que la chose pourrait se faire d'un commun accord, si on est de bonne foi.

Si rien ne peut se terminer promptement, je suis décidé à me rendre sur les lieux à la fin de la session, qui aura lieu vers le 20.

Adieu, cher ami. Ecrivez-moi, et croyez à mon amitié bien sincère.

Signé : GRAVIER.

Visé pour timbre et enregistré, etc.

COPIE DE LA LETTRE DE M. GRAVIER

A M. FANFINET.

*Cette copie est de la main de **M.** Guillaume père (décédé).*

—◦◦◦—

Paris, 3 juin 1833.

J'ai reçu, mon cher frère, votre lettre du **28** mai, à laquelle je m'empresse de répondre. Ne pouvant me rendre sur les lieux à cause de mes obligations de député, j'ai donné mes pouvoirs et ceux de ma femme à Guillaume, dont les sentiments et *la capacité* m'inspirent une confiance entière. Nous avons longuement discuté avant son départ la conduite que nous avions à tenir dans cette affaire *délicate. Nous désirons avoir pour* Mme *Dornier tous les égards que commandent son âge et sa qualité de mère.*

Mais nous avons aussi des intérêts à conserver, Guillaume pour son fils, et moi pour votre sœur. *L'incapacité de* Mme *Dornier est depuis longtemps notoire. J'ai des lettres d'elle qui datent de plusieurs années et qui le prouveraient suffisamment.* Vous savez *quels abus nuisibles à la famille* ont eu lieu, et en vérité, *la main sur la conscience,* ceux qui en ont profité seraient bien embarrassés d'établir *les droits qu'ils avaient à des préférences :* il n'y aurait que ceux qui seraient attribués *à une volonté bien constatée de* Mme *Dornier, et il serait facile de prouver que cette volonté même n'existait pas, et que ses résolutions n'étaient depuis longtemps que la suite de la faiblesse de son esprit.* J'en ai plus *d'une preuve écrite de sa main.* Si j'avais voulu abuser de cette faiblesse et de l'influence que j'avais sur elle, j'aurais pu très-facilement aussi me faire faire une large part.

On m'avait assuré que, dans un esprit d'équité et d'union, tous ceux qui avaient reçu renonçaient loyalement à des avantages qui ne pourraient jamais être justifiés *aux yeux du public, qui juge ces questions mieux encore que les Tribunaux.* C'était un exemple de moralité et de concorde que nous devions donner ; personne ne désire plus sincèrement que moi de voir l'union régner dans l'honorable famille à laquelle je me suis allié : je ferai pour arriver à ce but tous les sacrifices possibles. J'écris dans ce sens à Guillaume ; mais il faut qu'une transaction puisse être faite avec sûreté, et ne compromettre pas les intérêts que nous cherchons à concilier et à conserver. Toute la question est là.

Je connais trop, mon cher Fanfinet, *votre loyauté* et *votre franchise* pour ne vous avoir pas parlé à cœur ouvert. Je fais des vœux bien sincères pour que tout se termine à l'amiable, et que la *famille Dornier ne donne pas le spectacle de tristes discussions.* C'est dans ces sentiments que je vous renouvelle l'assurance de ma sincère amitié.

Signé : GRAVIER.

———

LETTRE

De M. Fanfinet DORNIER a M. GRAVIER.

Dampierre, le 28 septembre 1833.

J'arrive de Pesmes, mon cher Gravier. Depuis longtemps je n'avais vu Mme Dornier; vous devez savoir maintenant, par une signification qui doit vous être faite, qu'elle forme opposition au jugement de Gray. Vous pouvez être certain, d'après divers renseignements que j'ai pris, que ma mère est sûre, à Besançon, de faire annuler tout ce qui est fait et tout ce qu'on pourra faire pour l'interdire; elle bien décidée à soutenir contre vous cinq un procès : elle a pour elle les premiers jurisconsultes de Besançon; pourtant elle consent encore à un arrangement; elle m'en a posé elle-même les bases devant M. Rochet : cinquante mille francs de pension et sa maison de Pesmes, avec les dépendances, pour en jouir comme bon lui semblera.

Ces propositions certes ne sont pas déraisonnables; on lui nommera un conseil judiciaire, qui est tout ce que vous pourrez peut-être obtenir; elle jouira par conséquent de ses revenus, amodiera ses usines, ce qui est bien ses intentions, et privera par conséquent la famille de grands bénéfices et de presque tous les revenus; de la manière dont elle est montée, vous ne pouvez douter que la majeure partie ira à sa famille.

Elle me prie de me charger de ses affaires contre vous; je l'ai priée moi-même de patienter un peu; et que si cependant on ne voulait entendre à aucun arrangement, pour lors je prendrais fait et cause en main, et que j'agirais pour elle contre vous, ce qui me peinerait beaucoup, je vous assure.

La famille écoute les conseils d'un ambitieux, qui est l'aîné, qui vous fera faire beaucoup de sottises; il vise à gouverner en chef les affaires de ma mère, afin de pouvoir faire ce qu'il voudra. Si vous connaissiez comme moi la parcimonie de cet homme, vous le jugeriez comme il le mérite.

Quant au compromis que nous avons signé, je n'en ai plus entendu parler, et ces trois messieurs ne s'en occupent nullement.

En refusant les propositions de Mme Dornier, vous allez faire éprouver de grandes pertes à la famille : je parle ici en général, mon cher Gravier; je sais combien vous êtes ennemi de toute mauvaise chicane.

Veuillez avoir la complaisance de communiquer ma lettre à M. Guillaume. Je crois que votre présence et la sienne dans ce pays serait bien nécessaire. L'usine de Pesmes est bien mal administrée; tous les fers que l'on fabrique sont en magasin : c'est une affaire abandonnée et qui tombe en quenouille. Mettons donc un terme à tout cela, croyez-moi.

Votre dévoué beau-frère,

Signé : DORNIER Fils.

L'adresse est ainsi conçue : Monsieur Gravier, caissier général de la Caisse d'amortissement et député des Basses-Alpes, rue de l'Oratoire, n° 1, à Paris.

N° 775. Visé pour timbre à Gray, le 18 février 1851. Reçu 1 fr. 25 c.

Signé : Guyot.

Enregistré à Gray le 18 février 1851. Fol. 191 recto, c. 6. Reçu 2 fr. 20 c.

Signé : Guyot.

Nota. — M. Fanfinet Dornier parle ici de sa mère comme si les interrogatoires des 25 mai et 3 juin 1833 n'avaient pas déjà donné la mesure de sa faiblesse d'esprit.

LETTRE

De M. COLIN a M. Achille GUILLAUME,

PROPRIÉTAIRE, A BELLEVUE.

Forges de Pesmes, le 28 septembre 1833.

Monsieur,

D'après l'avis que vous avez donné à M. l'avoué Berthier, j'ai reçu sommation de faire les diligences nécessaires pour empêcher le paiement des billets souscrits par M. Lépine. Je lui ai notifié, ainsi qu'à Mme veuve Drevon, d'avoir à ne pas les acquitter lors de leur présentation. Hier, jour des ventes de bois à Dijon, j'ai rencontré M. Lépine chez Mme Drevon, où je leur ai répété de vive voix d'avoir à ne pas payer. L'un m'a répondu qu'il était de son devoir de faire honneur à sa signature ; l'autre m'a dit que la négociation étant régulière et sur des signatures bien connues, l'on ne pouvait se refuser au paiement.

M. Marion, associé de Mme Drevon, m'a fait voir le premier billet de 50,000 fr.; il a été payé sur l'acquit direct de la signature de Mme Dornier; le second, de 15,000 fr., a été endossé par M. Dornier à l'ordre de M. Lépine de Renaucourt, mort aujourd'hui, qui l'a passé à l'ordre de Mme veuve Duchon, qui l'a passé à MM. Geobard et Compagnie, qui l'ont adressé à M. Drevon, valeur en compte.

Il est présumable que les autres billets sont négociés de la même manière, et d'après le dire de M. Marion, l'on ne peut refuser le paiement; que tout ce qu'il pouvait faire, c'était d'offrir les billets en communication.

J'ai fait part de vos intentions à M. Auguste ; je lui ai fait voir votre lettre ; il m'en a demandé la copie ; je me suis entretenu avec lui de son contenu : il m'a répondu n'avoir aucune connaissance de cette affaire, que vous pouviez faire ce qu'il vous conviendrait à ce sujet; que lui n'y était pour rien. Il a vu avec peine les expressions dont vous vous êtes servi envers lui; il s'en est grandement formalisé, et il en est on ne peut plus indisposé. Voilà, Monsieur, le résultat de l'entretien.

Il me semble, Monsieur, que le meilleur moyen serait de vous rapprocher tous, et d'en finir comme des frères. Mme Dornier consentirait, je crois, à accepter 50,000 fr. de rente; il me semble que ce serait l'unique parti et le plus convenable. M. Légéas en serait content : M. Dornier l'aîné, de même que M. Fanfinet, M. Joseph et M. Auguste en sont d'avis. Je ne vois guère d'autre moyen d'en finir dans une affaire de cette nature.

M. et Mme Légéas sont d'avis de signer le compromis; je viens d'écrire à M. Voilliard de le leur adresser : il ne restera donc que Mme Moine, qui ne voudra sûrement pas être seule en opposition.

Veuillez, Monsieur, être persuadé que je n'aurai jamais rien de plus à cœur que de veiller à la conservation des intérêts qui me sont confiés, que mon seul désir est de pouvoir mériter l'approbation de la famille, que je ferai tous mes efforts pour y parvenir : c'est dans ces sentiments que je vous prie de me croire, avec un profond respect,

Votre très-obéissant serviteur.

Signé : COLIN.

P. S. Oserais-je vous prier de vouloir présenter mes respectueux hommages à M. Gravier, en lui rappelant la lettre que j'ai eu l'honneur de lui adresser, il y a quelques jours.

Timbré et enregistré, etc.

LETTRE

De M. VOILLIARD, Notaire, à Gray,

A M. GUILLAUME, Propriétaire, à Bellevue.

Gray, le 15 février 1835.

Monsieur ,

Il paraît qu'il se passe d'étranges choses dans la famille de Mme Dornier, qui, j'en suis sûr , *vous surprendront vous-même, bien que vous sachiez à quoi vous en tenir sur le compte de chacun* des membres de cette famille. Je suis chargé par M. Louis de vous en informer et de vous inviter à en donner avis à M. Gravier. Il va lui-même en écrire à M. Alfred, son frère.

Voici ce dont il s'agit et ce que vient de m'apprendre M. Louis Dornier :

M. Dornier l'aîné serait rentré dans les bonnes grâces de madame sa mère, et aurait su profiter de la circonstance pour se faire passer un bail sous seing privé, daté d'il y a six à sept ans, tant des usines de Pesmes que des affouages y attachés, pour douze ans, devant commencer le 1er juin prochain, au fermage de 100,000 fr. par an, dont 20,000 fr. s'imputeraient annuellement sur une dette de la bailleresse envers le preneur, reconnue par ce même bail.

Il y aurait déjà quelque temps que cet arrangement aurait été manœuvré , et depuis lors, M. Dornier l'aîné aurait redoublé d'efforts auprès de M. Louis, qui n'en soupçonnait rien, pour le déterminer à se réunir à lui pour tâcher d'obtenir mainlevée du commencement d'interdiction.

Enfin, le bruit de l'existence du bail en question est parvenu aux oreilles de M. Louis Dornier, qui a voulu savoir de son frère aîné lui-même si ce bruit était bien fondé. Il a été pressant, et a obtenu la communication du bail, avec la manifestation positive de l'intention de s'en prévaloir, accompagnée de rodomontades sur la solidité de ce titre. Pour toute consolation, on lui a promis *quelque chose,* s'il ne le contestait pas, et qu'il a repoussé avec indignation.

Quelle n'a pas été ma surprise en entendant ce récit de la bouche de M. Louis Dornier, et en le rapprochant d'une communication que me fit dernièrement M. Dornier l'aîné !

Voici cette communication : On vient d'obtenir de ma mère, me dit-il, un bail fort long, d'un objet fort important. Ce bail porte une date antérieure au jugement qui nomme l'administrateur provisoire. Pensez-vous qu'il puisse avoir son effet? Je répondis qu'il n'avait pas à s'inquiéter d'un pareil acte qui ne soutiendrait pas le regard de la justice, et qui serait annulé aussitôt que produit, *comme évidemment entaché de fraude.* Il poussa le désir de s'éclairer sur la validité du bail jusqu'à me demander si l'on ne pourrait pas se prévaloir, contre celui qui voudrait faire usage du titre en question, de ce qu'il n'en aurait pas parlé dans l'inventaire, où cependant il avait été partie. Ma réponse à cette dernière question ne dut pas lui donner grande confiance dans son chiffon ; mais comme je lui témoignais mon étonnement de ce que le bail était au profit de l'un des signataires de l'inventaire, il fit de suite changer de face à notre conversation.

M. Louis tient du sieur Colin qu'il faudra s'attendre à trouver, lors du décès de Mme Dornier, beaucoup d'engagements qu'on lui aura fait souscrire, en les antidatant, depuis qu'elle est frappée d'incapacité. Il sait aussi qu'on cherche à lui faire faire des dispositions testamentaires.

Dans ces circonstances, M. Louis regarde comme tout-à-fait urgent de donner suite à l'instance en interdition. Il est résolu à reprendre dès à présent cette instance, *dût-il voir faire défection à tous les autres* poursuivants, comme à son frère aîné ; mais il désire beaucoup que vous vous réunissiez à lui, et me charge de vous engager à vous rendre au plus tôt à Gray, pour organiser de concert les poursuites, de manière à en assurer le succès.

Le bail de M. Dornier l'aîné *serait un bon titre à l'appui de la demande en interdiction ;* mais il n'est guère présumable qu'il le réserve à cet usage. Dans tous les cas, un interrogatoire sur faits et articles fera tout aussi bien connaître la teneur de ce bail à la justice, que s'il était produit dans l'instance.

Conçoit-on que M. Dornier l'aîné puisse s'abuser au point de fonder quelque espérance sur un titre aussi fragile que celui qu'il s'est procuré, et surtout qu'il ne lui ait pas répugné de prendre aujourd'hui un rôle qu'hier il flétrissait et qu'il a d'avance compromis, au point de ne pouvoir en obtenir que honte et ridicule ! Je suis convaincu qu'un moment d'entretien avec vous le détournerait de cette voie sans honorable issue.

Osant compter sur la faveur d'une prompte réponse, je vous renouvelle l'expression sincère des sentiments les plus distingués avec lesquels je suis,

Monsieur,

Votre très-humble et tout dévoué serviteur.

Signé : **VOILLIARD.**

LETTRE DE M. LE CONSEILLER NOURRISSON,

BEAU-PÈRE DE M. Joseph DORNIER,

A M. Achille GUILLAUME, à Bellevue.

Besançon, 26 février 1835.

Monsieur,

Il y a quelques jours seulement que ma fille Virginie, écrivant à sa mère, nous a parlé du bruit qui courait à Gray d'un bail qui aurait été passé à l'un de vos beaux-frères par Mme Dornier. Elle nous en parle dans les mêmes termes que vous, et il paraît que son mari éprouve à cet égard le même sentiment. Quoi qu'il en soit de la vérité du fait en lui-même, de l'usage qu'on voudra faire de cet acte, et de sa valeur, sa possibilité seule démontre ce que *je me suis permis de représenter il y a déjà longtemps à votre beau-frère Joseph, le grave inconvénient de l'interruption de la procédure commencée.* Hier 25, M. Dornier puîné (Fanfinet) a dû se marier. Joseph y était invité avec sa femme ; celle-ci, enceinte et près de son terme, n'aura pas dû s'y trouver. Je lui ai écrit d'engager son mari à profiter de cette entrevue avec quelques-uns de ses frères pour leur faire sentir *de quel intérêt il est pour eux tous de faire cesser cet état de confusion.* Je ne sais si son insouciance et presque sa répugnance à s'occuper d'affaires lui permettront cet effort.

Mais je vois avec satisfaction *qu'informé de ce qui se dit à Gray,* vous soyez enfin convaincu de la nécessité de sortir de cette position équivoque, où Mme Dornier, livrée à elle-même, sans appui, sans direction pour elle et pour sa maison, est exposée, *même en sa personne, à toute sorte de dangers, sa maison à une dilapidation qui peut bien avoir des bornes,* mais où ses affaires, qui devraient être celles de ses enfants, sont abandonnées à un étranger qui n'est le subordonné de personne, dont la responsabilité sous tous les rap-

3

ports est illusoire, qui refuse tous éclaircissements à ceux qui devraient avoir le droit d'en obtenir, et qui peut, sans recours, les compromettre d'une manière même funeste. Je n'ai garde d'ajouter à la crainte des résultats possibles de cette indépendance et des erreurs d'un homme sans intérêt à bien faire, celle de l'improbité et d'un concert qui sacrifierait les absents et les négligents à un seul plus actif et plus avisé...; mais, dans les choses communes, chacun doit pouvoir se rendre compte et se faire rendre compte.

Au total, je n'ai dans tout ceci, et ne puis avoir d'autre avis, puisque vous voulez bien m'interroger, que celui qui paraît aussi être le vôtre, la plus prompte reprise d'une procédure, qui vous mettra tous à même de porter la lumière où il n'y a que ténèbres, et de prévenir peut-être des désordres qui plus tard seraient irréparables. Aucun de vos beaux-frères ici n'a ce qu'il faut pour activer cette terminaison. Cela me donne l'espoir que lorsque j'irai, comme j'en ai le dessein, passer quelques jours à Corneux, vers Pâques, je pourrai avoir le plaisir de vous voir à Gray. Tout ce qui sera en mon pouvoir sera mis avec empressement à votre disposition.

Mme Nourrisson et ma fille aînée, sensibles à votre souvenir, me chargent de leurs compliments, et j'y ajoute l'hommage de tout mon dévouement, et de la considération distinguée de

Votre très-humble et obéissant serviteur.

Signé : **NOURRISSON.**

LETTRE DE M. COLIN

A M. GUILLAUME.

Forges de Pesmes, le 11 mars 1835.

Monsieur ,

J'étais absent lorsque votre lettre du 7 courant est arrivée ; je m'empresse d'y répondre et de vous envoyer copie de la lettre que vous me demandez ; vous la trouverez ci-bas, avec la réponse que M. Bridan m'a dit d'y faire ; c'est seulement aujourd'hui que M. de Merey me répond et me demande une copie du jugement qui m'a nommé administrateur provisoire, afin de savoir quel caractère je dois prendre dans cette affaire et motiver une réponse, s'il la croit nécessaire ; par ce courrier je lui envoie ce qu'il demande, et j'attendrai sa réponse.

Je ne puis vous dire si le bail est enregistré ; la copie que j'en ai reçue me paraît très-informe et ne me donne point d'extrait d'enregistrement ; je ne présume pas que cette formalité ait été remplie. MM. Joseph et Auguste, que j'ai vus dernièrement, disent qu'il n'est pas enregistré ; *au surplus, je ne croirai jamais que M. Dornier aîné soit bien dans l'intention de vouloir jouir des avantages* de ce bail ; vous le verrez par sa lettre par laquelle *on reconnaît bien clairement que son but est d'arriver à un arrangement.* Je n'oserais penser qu'il eût d'autres intentions ; enfin il faut le voir venir ; mais en attendant , soyez bien assuré que je m'opposerai de tout mon possible à ses prétentions , comme à toutes celles qui seront contraires aux intérêts communs de la famille.

Je suis on ne peut plus sensible aux bonnes dispositions que vous et M. Gravier avez pour moi. Veuillez, je vous prie, recevoir toute ma reconnaissance avec mes très-sincères salutations.

Signé : COLIN.

A la suite de cette lettre se trouve , écrite de la main de M. Colin, la pièce suivante :

COPIE.

M. Colin, je vous fais passer le double d'un bail dont je réclame l'exécution. Vous verrez *par sa date qu'il est fait en même temps que la donation du sieur Dornier puîné, et qu'il est infiniment plus authentique que le bail sous seing privé des bois de Dampierre* dont vous m'avez envoyé la copie, *bail que vous n'avez pas cru devoir attaquer,* non plus que la concession des mines d'Autrey. Mandataire de Mme Dornier, vous ne pourrez aller contre sa signature, sans exposer à voir mettre en doute tout ce qu'elle peut avoir fait ; vous ne pouvez, dans cette circonstance, plaider pour des tiers , et prendre parti pour les uns ou les autres. Vous êtes administrateur des biens de Mme Dornier, et non des enfants. Vous ne pouvez contester la signature ; la personne est vivante, et, qui plus est, n'est pas interdite. Elle ne peut vendre, mais elle peut amodier. Si vous plaidez contre moi ; il est sûr que si je gagne (comme je l'espère), je ne vous tiendrai pas compte des frais que vous auriez pu faire. Le procès d'interdiction est loin d'être terminé, il faut une enquête : comment tournera-t-elle ? quel jugement va-t-il en advenir ? et si le conseil de famille a lieu, homologuera-t-il les dépenses d'un procès que vous aurez perdu ? *Au reste, je puis proposer un arrangement qui termine- rait tous ces différends ;* pour le moment, je réclame l'exécution de mon bail, purement et simplement ; veuillez, en conséquence, répondre à ma lettre, pour ma gouverne.

Vous obligerez celui qui, etc.

Signé : DORNIER AINÉ.

Gray, le 23 février 1835.

RÉPONSE.

Forges de Pesmes, le 1er mars 1835.

Monsieur ,

L'administration de la personne et des biens de Mme Dornier m'ayant été confiée par la justice, il est de mon devoir de ne point admettre d'actes qui tendraient à la renverser; si vous avez des droits à faire valoir, il n'y a que les Tribunaux qui puissent en connaître, eux seuls ayant qualité pour détruire ce qu'ils ont fait; je regrette donc de ne pouvoir accéder à vos demandes.

Quant aux arrangements dont vous me parlez, je souhaite de tout mon cœur que les membres de la famille parviennent à se mettre d'accord; mais c'est un point qui ne me concerne pas, et sur lequel, par conséquent, je ne puis rien vous répondre.

J'ai l'honneur d'être, etc.

Signé : COLIN.

COPIE

DU

BAIL DES USINES DE PESMES A M. DORNIER AÎNÉ,

En date du 8 juillet 1828.

Entre, etc....

Art. 1er. Mme veuve Dornier relaisse à titre de bail à J.-B. Dornier, son fils, les forges et hauts-fourneaux de Pesmes, commune de Pesmes, etc....., avec ses patouillets, logements de commis, etc.

Art. 2. Le bail est fait pour douze années consécutives qui commenceront le 1er juin 1835, etc.

Le preneur prendra l'usine telle qu'elle se trouvera à cette époque, avec tous les ustensiles nécessaires un roulement, et les approvisionnements qui s'y trouveront, moins les fers confectionnés.

Art. 3. Un mois avant l'entrée en jouissance, il sera dressé un état des lieux par experts convenus; ces mêmes experts estimeront les outils du roulement ainsi que les approvisionnements de toute espèce; les bois fabriqués en cordes ou sur pied seront repris au prix qu'ils auront coûté, prix d'achat.

Le preneur rendra tous les objets à sa sortie du bail, ou il en paiera la valeur, à son choix.

Art. 4. Il sera délivré au preneur chaque année, par les employés de Mme Dornier, la quantité de 50 hectares de bois à prendre dans les propriétés de Mme Dornier, parmi les bois les plus âgés, et autant que possible les plus rapprochés de l'usine; le preneur laissera par chaque hectare 2 futaies, 4 modernes, 8 surtailles et 80 baliveaux.

Art. 5. Ce bail est fait moyennant 125.000 francs, dont 55,000 francs sont dus ensuite d'un ancien compte entre Mme Dornier et son fils, pour une répétition que ce dernier n'a cessé de faire et qu'elle reconnaît juste et véritable.

Cette répétition porte sur le bois de 100 arpents, la portion du procès de Chevigney, la portion des fonds que M. Chaufardet a été chargé de recevoir, etc....

Plus, 70,000 francs que ladite dame déclare avoir reçus en passant le présent acte; en outre, le preneur paiera entre les mains de Mme Dornier, sa mère, la somme annuelle de 48,000 francs, payables par trimestre de 12,000 francs.

Fait double à Pesmes, le 8 juillet 1828.

Signé : **ROCHET, veuve DORNIER.**

24

OBSERVATION.

En 1852 (dans ses conclusions écrites), M. Auguste Dornier réclamait, devant le Tribunal de Gray, le paiement d'une pension de 3,000 fr. qui lui aurait été accordée en 1832, par un acte sous seing privé, passé en présence de M. Bridan ; les arrérages de ladite pension se montaient à 36,000 fr. M. Bridan ayant nié ce fait, M. Auguste Dornier a été obligé de renoncer à sa réclamation.

En 1821, lorsque M. Fanfinet Dornier vendait ses bois à sa mère, et que la fortune de ses frères mineurs était de 160,000 fr., il lui restait encore le fourneau de Dampierre, sa maison et des propriétés rurales, valant au moins . . . . 300,000 fr.

Des fonds d'usine d'au moins 100,000

TOTAL . . . . . . 400.000 fr.

Il avait encore des reprises sur la vente de ses bois ; il ne devait rien à son frère Joseph, dont il avait reporté la créance sur Mme Dornier.

Quelques années plus tard, il faisait construire une maison qui, de son aveu (voir ses lettres), lui coûtait 100,000 fr.

Nous affirmons de nouveau que M. Bridan, conseil de Mme Dornier, n'a pas été consulté sur la donation des bois de Dampierre, faite le 16 juin 1828 à M. Fanfinet ; ni sur celle du 1er septembre 1827 faite à M. Auguste Dornier.

Nous le tenons de M. Bridan lui-même, et il n'a connu ces deux actes que par la rumeur publique.

ÉTAT DE LA FORTUNE DE Mme DORNIER

DE 1810 A 1847.

Suivant inventaire fait en 1810, époque du partage de la successsion de M. Dornier. déposé au greffe du Tribunal de Gray, la portion de Mme Dornier lui revenant du chef de son mari était de. . . . . 2,032,961 f. 12 c.

Plus pour ses reprises, sa dot. . . . . 80,000 f.
Donation par contrat de mariage. 20,000
Douaire et joyaux. . . . . 4,800 } 106,000
Son trousseau. 1,200

Il y avait en outre des fonds d'usines considérables qui couvraient bien au delà les dettes, et dont Mme Dornier n'a tenu aucun compte aux mineurs (Mémoire).

Mme Dornier a joui pendant 13 ans, en moyenne, des biens de ses six enfants mineurs, estimés 160,000 fr. pour chacun d'eux, soit. 624,000

Mme Dornier a fait plusieurs marchés et acquisitions très-avantageux; entre autres l'affaire Dutremblay, qui lui a donné plus de 200,000 fr. de bénéfice, soit. 200,000

De 1818 à 1833, Mme Dornier a joui d'un revenu de 150,000 fr. au moins par an. En portant à 50,000 fr. ses dépenses annuelles, il resterait encore une somme de 100,000 fr. par an, qui, au bout de 23 ans, aurait fait un capital disponible de. . . . 2,300,000

Depuis 1833, époque de la nomination d'un administrateur provisoire, les inventaires faits par M. Humbert donnent les résultats suivants :

Bénéfices et revenus de 1833 à 1845. . . 2,749,121 f. 80 c.
Frais à déduire, reconstruction d'un fourneau, impositions, droits de succession. . . 109,054 34 } 2,640,067 46

Bénéfices et revenus de 1846. . . ? . 436,693 21
Frais à déduire, impôts, frais de gardes, etc. 48,881 66 } 414,811 55

Bénéfices et revenus de 1847. . . . . 277,226 24
Frais à déduire, impôts, etc. . . . . 31,472 98 } 245,753 36

Total des bénéfices et revenus de 1833 à 1847. . . . . 3,300,632 37

EN 1847, LA FORTUNE DE Mme DORNIER AURAIT DU ÊTRE DE. . . 8,563,593 49
EN 1847, SA VALEUR RÉELLE ÉTAIT AU PLUS DE. . . . . . . 7,000,000 »

26

Les détournements, gaspillages de **1810** a **1833**, sont donc au moins de. **1,563,593 49**

Dans cette somme n'est pas comprise la plus-value des propriétés, qui ne peut-être estimée à moins de **2,000,000** fr., évaluation justifiée par les exemples suivants :

En 1818, pour composer les six lots des mineurs, on fit une nouvelle estimation de leurs propriétés. Le bois de Suancourt, appartenant à M. Alfred, fut estimé **59,844** fr. En **1822**, il a vendu à M. Fanfinet une partie de la superficie de ce bois **32,600** fr., et en **1831**, toute cette propriété fut vendue à M. Buisson. . . . . **130 000** fr.

Le bois du Follot, appartenant également à M. Alfred, et estimé en 1818, 15,900 fr. fut vendu en **1831** à M. Dornier aîné. . . . . . . **50 000** fr.

Observation sur la situation de Mme Dornier en 1833.

Lors de la demande en interdiction, Mme Dornier devait les sommes suivantes :

1° A ses banquiers (f^{os} **124** et **125** de l'inventaire) . . . . . . **422,349** fr. **57** c.

2°   id.   (f^o **129**   id.   ) . . . . . . **96,584** fr. **30** c.

3° A ses enfants :

A Joseph. . . . . **60,000** fr.		
A Auguste. . . . . **59,146** fr. **98** c.		
Id. (pour préciput de 1832). . . **30,000** fr.	}	**217,146** fr. **98** c.
A Alfred, pour succession de son oncle. . **68,000** fr.		

Total. . . . . **736,080** fr. **85** c.

Cette somme était représentée par les fers et fontes, charbons et bois; débiteurs, etc. Ce qui fait que Mme Dornier n'avait aucuns fonds d'usine à elle appartenant en **1833**.

De 1825 à 1833, il avait été fait dans ses bois des coupes considérables, et anticipées, qui en avaient beaucoup diminué la valeur.

9 782013 445290